SOCIÉTÉ INTERNATIONALE

DE PRÉVOYANCE

EN FAVEUR DES

CITOYENS SOUS LES ARMES

AUXILIAIRE DE LA SOCIÉTÉ INTERNATIONALE
DE SECOURS AUX BLESSÉS DES ARMÉES DE TERRE ET DE MER

COMITÉ FRANÇAIS

FONDÉ A PARIS, LE 21 SEPTEMBRE 1870

PARIS

IMPRIMERIE DE E. MARTINET

RUE MIGNON, 2

1870

Les peuples aspirent à la paix, et la guerre est un état
violent qui ne répond ni aux lois de la morale, ni aux ensei-
gnements de la philosophie, ni aux intérêts bien entendus
de l'humanité.

Néanmoins, elle existe, et il n'y a pas lieu d'examiner ici
les causes diverses qui la font naître. L'éviter est un acte de
haute sagesse ; l'accepter ou la faire est parfois une triste
obligation ; soulager les maux qu'elle enfante est toujours
un devoir, soit qu'on y porte remède quand ils se produisent,
soit que l'on prépare d'avance les moyens d'y remédier.

De là, deux tâches également sacrées à remplir. La première consiste à s'inquiéter immédiatement de la condition
des blessés ; et, sur ce point, notre sollicitude a déjà produit
d'heureux résultats, car aucune autre époque n'a vu encore,
dans les villes ou sur les champs de bataille, un service
aussi complet d'ambulances, et la *Convention de Genève*,
conçue le lendemain de Solférino, a créé l'*internationalité*

des secours, en attendant celle des idées et des principes.
La seconde tâche est de prévenir les causes mêmes de
guerre, d'en atténuer la gravité, d'en rendre le retour
moins fréquent, en élevant le niveau moral des populations
qui composent les armées, et en substituant de plus en plus
l'élément intelligent à la force brutale. C'est là une mission
auxiliaire de la paix, et dont la nécessité devient chaque
jour plus évidente.

Rendre la guerre plus rare en la faisant détester, hâter
le perfectionnement intellectuel et moral des citoyens sous
les armes, tel est le but qu'il faut atteindre, et qu'il est du
devoir de chacun de poursuivre avec énergie et dévouement.

Le soldat, c'est-à-dire le citoyen sous les armes, est placé
dans des conditions spéciales : il y a une éducation, une
instruction, une hygiène qui lui sont propres; livres, ensei-
gnement, habitation, vêtements, nourriture, développement physique et moral, tout prend à son égard un
caractère particulier, une valeur nouvelle. C'est toute une
OEuvre de prévoyance à entreprendre, c'est une préoccu-
pation à laquelle nul peuple ne saurait désormais se dérober
sans froisser la conscience humaine et sans assumer devant
l'histoire une terrible responsabilité.

Si l'OEuvre internationale en faveur des blessés a rallié
autour d'elle tant de sympathies, parce qu'elle intéressait
chaque famille et chaque citoyen en particulier, l'*OEuvre*

de prévoyance ne mérite-t-elle pas également l'attention et la faveur de toutes les nations civilisées ?

Élever le niveau moral et intellectuel des citoyens appelés sous les drapeaux, développer chez eux le goût de l'instruction, des occupations utiles et même des arts, leur fournir les moyens de se perfectionner dans l'exercice de leur profession antérieure ou de leur état manuel primitif, créer des bibliothèques à leur usage et des sociétés de tempérance ; organiser le patronage dans les pénitenciers et les prisons militaires où il n'existe pas encore ; instruire, moraliser, *humaniser* le jeune citoyen obligé de porter les armes ; réveiller, développer chez lui tout ce qui tend à relever et à annoblir le caractère : voilà le but qu'il faut atteindre. C'est une forme nouvelle de protestation contre les haines nationales, c'est un patriotisme plus large et plus généreux, destiné à entraîner la nation entière vers les grandes aspirations qui tuent l'égoïsme, l'ignorance et les préjugés.

L'*Œuvre de prévoyance* serait incomplète, si elle négligeait le côté matériel, dont l'influence sur le moral n'est pas contestée. Sans doute, elle ne prétend pas substituer son action à celle de l'administration militaire ; mais, sans empiéter sur ce terrain, elle s'efforcera de faire adopter toutes les améliorations reconnues utiles, et de rendre à l'initiative privée, source féconde où l'on ne saurait trop puiser aujourd'hui, un rôle destiné à grandir tous les jours. Si le devoir d'un gouvernement est de pourvoir directe-

ment à tout ce qui contribue à la santé et au bien-être
du soldat, la nation tout entière est cependant intéressée
à cette tâche complexe, et ne saurait trop faire par elle-
même pour améliorer sans cesse la situation sanitaire et
matérielle de tous ceux qui sont prêts à verser leur sang
pour la patrie.

La *Société de prévoyance* n'oubliera pas non plus de
propager toujours davantage, parmi les populations rurales
et ouvrières et dans toutes les classes, les idées de charité et
de respect envers l'ennemi vaincu, blessé ou prisonnier;
elle saura aussi encourager et récompenser les actes de
dévouement pendant la paix comme pendant la guerre.

Jamais le moment ne fut plus propice pour entreprendre
une Œuvre pareille. Il est louable et méritoire pour une
nation, alors que toutes les volontés semblent tournées
vers la destruction et la haine, de porter haut le drapeau
de l'instruction, de la générosité, d'une fraternité bienfai-
sante, et de développer dans les cœurs, en dépit des appa-
rences contraires, des sentiments auxquels applaudiront
avec reconnaissance la civilisation et l'humanité entière.

SOCIÉTÉ INTERNATIONALE

DE PRÉVOYANCE

EN FAVEUR DES

CITOYENS SOUS LES ARMES

AUXILIAIRE DE LA SOCIÉTÉ INTERNATIONALE

DE SECOURS AUX BLESSÉS DES ARMÉES DE TERRE ET DE MER

COMITÉ FRANÇAIS

FONDÉ A PARIS, LE 21 SEPTEMBRE 1870

STATUTS

ARTICLE PREMIER

La Société a pour objet de concourir, par tous les moyens en son pouvoir, à l'instruction et à la moralisation des soldats, des marins et des citoyens sous les armes à quelque titre que ce soit (1), ainsi qu'à l'amélioration de tout ce qui concerne leur état sanitaire.

---

(1) Armée permanente de terre et de mer, garde nationale sédentaire, garde nationale mobile, corps volontaires et tous autres corps militaires quels qu'ils soient.

Art. II

Pour arriver à ces fins, le Comité :

1° S'occupe de tout ce qui a pour but d'élever le niveau moral et intellectuel des citoyens français appelés sous les drapeaux, ainsi que de tout ce qui peut contribuer à améliorer leur situation : il organise des conférences pour les soldats et pour les marins, comme complément d'instruction populaire ; il crée des bibliothèques, publie des livres destinés à établir une corrélation de plus en plus étroite entre les devoirs du soldat et ceux du citoyen, ou de nature à diminuer les horreurs de la guerre.

2° Il cherche à instituer dans les armées françaises des associations de secours mutuels, des sociétés de tempérance et autres.

3° Il encourage chez les soldats et chez les marins la pratique des occupations utiles ; il cherche à développer en eux le goût des arts ; il leur fournit les moyens de continuer leurs études, de se perfectionner dans l'exercice de leur profession antérieure ou de leur état manuel primitif. Des prix pourront être délivrés annuellement à ceux qui se seront le plus distingués à ces divers égards.

4° Il se met en rapport avec la presse, soit pour avoir son concours effectif, soit pour obtenir d'elle qu'en tout ce qui concerne la guerre, elle maintienne hautement les principes de la justice, de la vérité et d'un loyal patriotisme.

5° Il s'efforce de propager, en temps de paix, par des publications et par des conférences, soit dans l'armée et dans la marine, soit au sein des populations rurales et ouvrières, les idées d'humanité et de charité envers l'ennemi vaincu, blessé ou prisonnier, et notamment les principes qui ont inspiré la Convention de Genève. Un journal, organe de la Société, est publié par une Commission spéciale, composée de membres du Comité.

6° Il décerne et distribue, en séance solennelle, des récompenses et des médailles d'honneur aux personnes qui ont le plus efficacement contribué à l'avancement et au développement de l'Œuvre en général, soit par leurs dons, soit par leurs écrits, soit par un dévouement exceptionnel. Des récompenses analogues sont également données aux soldats qui se sont signalés par leur bonne conduite ou par des actes d'humanité et de générosité.

7° Il encourage, d'une manière toute spéciale, les inventions et les perfectionnements relatifs au bien-être matériel du soldat et du marin, tels qu'engins de sauvetage, moyens de pansement, appareils de tous genres, préparations alimentaires, etc.

8° Il recherche les meilleures conditions hygiéniques à réaliser dans les casernes, postes, camps, ambulances, hôpitaux, navires de guerre, prisons ou pénitenciers militaires, et s'efforce de faire adopter au gouvernement les améliorations reconnues utiles. Il étudie ce qui se fait à cet égard dans les armées étrangères, et entretient par une correspondance internationale des relations amicales avec les comités des autres pays.

9° Il se met en mesure, pendant la paix, de donner, en temps de guerre, à tout homme sous les armes, les objets de première nécessité qui pourraient lui manquer, tels que couvertures, ceintures de flanelle, chaussettes de laine, cravates et gants chauds en hiver, pansement complet destiné à arrêter instantanément le sang des blessures, cordiaux puissants pour ranimer le combattant s'il vient à être atteint ; enfin, de l'aider, sous le rapport sanitaire, par tous les autres moyens qui ultérieurement seront reconnus efficaces.

A ces fins, et sans prétendre empiéter sur les attributions de l'administration de la guerre, il recueille, conserve dans ses magasins, répartit et distribue des vêtements supplémentaires, médicaments, produits alimentaires et tous autres objets provenant d'achats, ou d'offrandes en nature faites par les commerçants, marchands, fabricants ou industriels de tous les pays.

10° Il étend, sous forme de patronage, son action matérielle et morale aux prisons et aux pénitenciers militaires, ainsi qu'aux ateliers de travaux publics.

Art. III

Par les soins du Comité, il sera organisé à Paris, en 1872, un Congrès international où seront invités les membres des Sociétés de tous les pays ayant un but analogue.

Ce Congrès fixera la date et le lieu des Congrès suivants.

Art. IV

L'Association française, dont le siége est à Paris, se compose de :

Membres d'honneur , choisis parmi les personnes ayant quelque titre à cette distinction honorifique ;

Membres à vie, comprenant les personnes qui ont fait un don de 500 francs ou au-dessus ;

Membres souscripteurs, dont la contribution annuelle ne pourra être inférieure à 5 francs ;

Membres associés étrangers, comprenant les personnes étrangères à la France auxquelles le Comité décerne ce titre entièrement honorifique, soit à cause de services rendus à l'humanité ayant quelque analogie avec le but de l'OEuvre, soit à cause de dons faits à l'Association.

Les dames sont admises à faire partie de l'Association à l'un ou à l'autre de ces titres.

Tout membre souscripteur s'engage à en présenter au moins un autre dans le courant de l'année de sa première souscription.

Art. V

Le Comité place à sa tête un président d'honneur et des membres d'honneur.

Le Comité est composé de cinq cents membres.

Un président effectif, quinze vice-présidents, un secrétaire général, vingt secrétaires, un trésorier et cinquante membres du Comité forment à Paris un Bureau central d'administration, nommé pour cinq ans, et auquel la haute direction des travaux de l'Association est confiée.

Les membres de ce Bureau peuvent toujours être réélus par le Comité.

Art. VI

Le Bureau central d'administration préside les Commissions créées par lui, et dont le nombre est illimité.

Les Commissions sont formées de membres du Comité, qui peuvent s'adjoindre, s'ils le jugent convenable, des membres de l'Association.

Toutes les fonctions du Comité et du Bureau central d'administration sont gratuites.

Art. VII

Le Comité forme, en France, des comités sectionnaires en nombre illimité, placés sous sa direction et appelés à concourir, avec lui-même, à la bonne marche de l'OEuvre.

Art. VIII

Les ressources du Comité se composent du montant des cotisations annuelles des membres, des dons, legs, offrandes de toute nature qu'il reçoit, et, s'il y a lieu, du produit de conférences, concerts, représentations à bénéfice, loteries, ventes, quêtes, expositions, etc.

Le trésorier du Comité est chargé de la comptabilité et de la caisse.

Art. IX

Les membres d'honneur, les membres à vie et les membres du Comité recevront chacun un diplôme revêtu du sceau de la Société (écusson blanc avec croix rouge internationale, entouré de deux branches de palmier), et les membres souscripteurs une carte marquée du même sceau. Tous auront le droit d'assister aux assemblées générales et recevront annuellement un Bulletin ou rapport sur la marche de l'OEuvre.

Art. X

Le Comité se réunit une fois par mois, ou plus souvent si les travaux de la Société l'exigent.

Art. XI

Le compte rendu moral et financier de l'OEuvre est présenté chaque année en assemblée solennelle et publique spécialement convoquée.

Art. XII

Un règlement arrêté par le Bureau central détermine les conditions de l'administration intérieure et toutes les dispositions de détail propres à assurer l'exécution des Statuts.

Article additionnel

Le Comité devra faire en temps opportun les démarches nécessaires auprès du Gouvernement français pour obtenir la reconnaissance de la Société comme établissement d'utilité publique.

Paris. — Imprimerie de E. Martinet, rue Mignon, 2. — 89.

www.ingramcontent.com/pod-product-compliance
Lightning Source LLC
Chambersburg PA
CBHW061556050726
47595CB00009B/3831